EXAMEN

DES

FAITS MENSONGERS

CONTENUS DANS UN LIBELLE

PUBLIÉ SOUS LE FAUX NOM DE LÉON BERTIN

*Avec le jugement du tribunal correctionnel de Versailles
du 30 septembre 1874
Confirmé par Arrêts de la Cour de Paris des 16 décembre 1874
et 29 janvier suivant*

NOTE ADRESSÉE A MM. LES PROFESSEURS
DU COLLÉGE DE FRANCE

*La passion de l'envie est comme un grain de sable
dans l'œil.*

(Tiré d'un recueil de proverbes chinois recueillis
et publiés par PAUL PERNY).

SAINT-GERMAIN

IMPRIMERIE EUGÈNE HEUTTE ET Cⁱᵉ
80, RUE DE PARIS, 80

1875

EXAMEN

DES

FAITS MENSONGERS

CONTENUS DANS UN LIBELLE

PUBLIÉ SOUS LE FAUX NOM DE LÉON BERTIN

Avec le jugement du tribunal correctionnel de Versailles
du 30 septembre 1874
Confirmé par Arrêts de la Cour de Paris des 16 décembre 1874
et 29 janvier suivant

NOTE ADRESSÉE A MM. LES PROFESSEURS
DU COLLÉGE DE FRANCE

La passion de l'envie est comme un grain de sable
dans l'œil.

(Tiré d'un recueil de proverbes chinois, recueillis
et publiés par Paul Perny).

SAINT-GERMAIN

IMPRIMERIE EUGÈNE HEUTTE ET Cⁱᵉ

80, RUE DE PARIS, 80

—

1875

NOTE

ADRESSÉE A MM. LES PROFESSEURS
DU COLLÉGE DE FRANCE

COURT EXPOSÉ.

Parmi les petites misères de la vie humaine, on doit compter celle de rencontrer sur sa route quelque bande de galopins qui vous lancent de la boue, en se sauvant à toutes jambes, ou bien encore de se voir heurté tout à coup par un masque aviné, inconscient de ses souillures. On est forcé d'occuper un moment l'attention du public, tandis qu'on fait disparaître de ses habits les malpropretés recueillies au passage, et ce soin qu'il faut prendre de les effacer est toujours des plus désagréables.

Les comparaisons ne sont jamais que des approximations. J'estime pourtant que les personnes qui voudront bien lire cette note apprécieront la vérité du tableau que je viens de tracer, pour dépeindre la situation qui m'a été faite et la nécessité où je me trouve de recourir à la publicité, malgré toute la répugnance qu'on éprouve à parler de soi.

Calomniez, calomniez, dit Bazile, croyez qu'il n'y a pas de plate méchanceté, pas de conte absurde qu'on ne fasse adopter en s'y prenant bien. Ce précepte a donné l'espoir de me nuire à un homme qui n'a rien gardé des sentiments du missionnaire depuis qu'il en a dépouillé l'habit, et aux yeux duquel j'ai le tort irréparable d'avoir été son concurrent préféré dans les élections du Collége de France.

Trop circonspect pour agir à visage découvert, trop rusé d'ailleurs pour ne pas comprendre que des calomnies signées de son nom perdraient singulièrement de leur valeur, cet homme dévoyé, ce concurrent déçu, s'est persuadé qu'il saurait se dissimuler derrière un masque impénétrable, et qu'on serait bien loin de songer à lui quand on lirait ce début, si digne de servir de préambule aux assertions qui viennent ensuite :

« A SON EXCELLENCE, M. LE MINISTRE DE L'INSTRUCTION PUBLIQUE.

« Monsieur le Ministre,

« L'auteur de ce mémoire n'est candidat à aucune chaire d'ensei-
« gnement public. Il n'aspire nullement aux faveurs de l'État. Ce
« n'est pas un mobile d'intérêt, de jalousie ou de rancune qui fait
« mouvoir sa plume. La vérité seule méconnue, etc.,etc., etc. »

Eh bien ! il se trompait dans ses calculs. Cette déclaration spontanée, ce cri du cœur, furent précisément ce qui donna l'éveil à la justice, accoutumée à voir certains prévenus courir au-devant d'une accusation par des dénégations antici-pées. Elle chercha dans la direction dont on prétendait la détourner, elle sut découvrir ce qu'on espérait lui cacher ; et c'est ainsi que Léon Bertin, personnage purement imagi-naire, dut se montrer enfin sous son vrai nom et sous sa vraie forme de Paul Perny, ex-missionnaire, ex-candidat à la chaire de chinois du Collége de France.

Je n'anticiperai point ici sur un ensemble de faits que je suis obligé de rapporter plus loin, puisque la nécessité de m'essuyer m'est si malencontreusement imposée ; mais il est à propos de remarquer, dès à présent, que si la calomnie est toujours la même, les tribunaux savent distinguer deux sor-tes de diffamation :

La première, qui consiste à inventer des faits calomnieux d'une fausseté absolue. Le Tribunal et la Cour ont reconnu formellement que ce genre de diffamation était celui dont le sieur Perny s'est rendu coupable, et les preuves en sont rapportées dans cet écrit.

La seconde, qui se réduit à mentionner des faits parfaitement vrais, mais dont la divulgation est interdite. Je m'exposerais peut-être à tomber moi-même sous l'application de la loi sur ce second chef si, dans l'intention de faire mieux connaître à quel masque je me suis heurté, je me hasardais à dire pourquoi le sieur Paul Perny n'appartient plus aux Missions étrangères et pourquoi il a cessé d'habiter le département de la Seine.

Je glisserai donc sur ces questions délicates, laissant à ceux qu'elles intéresseraient le soin de se renseigner à l'Archevêché, à la Préfecture de police, ou ailleurs, et me bornant à tenir aujourd'hui l'engagement que je contractai le 17 juillet dernier, quand j'écrivis à M. l'Administrateur du Collége de France :

« Monsieur l'administrateur,

« Une affaire urgente m'empêchant de me rendre à Paris pour
« assister à la réunion qui doit avoir lieu dimanche prochain, je vous
« serais très-reconnaissant de vouloir bien prévenir, en mon nom,
« MM. les professeurs du Collége de France que je vais déférer aux
« tribunaux un libelle diffamatoire, distribué, je crois, à la plupart
« d'entre eux.

« S'il ne se fût agi que de ma personnalité isolée, j'aurais pu trai-
« ter avec mépris ce tissu de grossiers mensonges, sans chercher à
« démasquer le misérable insulteur qui abrite sa lâcheté derrière un
« faux nom ; mais l'honneur que m'a fait le Collége de France, en
« m'admettant au nombre de ses membres, m'impose des devoirs
« plus rigoureux auxquels je ne faillirai pas.

« Si odieuses que soient ces attaques, leur véritable mobile ne
« peut cependant que m'honorer. Dès les premières pages du libelle,
« il est aisé de voir que l'on poursuit en moi l'élève affectionné du
« savant illustre qui fut mon maître. C'est un héritage dont je suis
« fier. Le fait de saisir la Justice m'interdit momentanément tout

« autre mode d'action ou de discussion, mais aussitôt que le ju-
« gement sera rendu, et en même temps que je m'empresserai de
« vous le faire connaître, j'aurai soin de vous adresser des preuves
« matérielles et irrécusables, établissant *la fausseté absolue* de tout
« ce que l'anonyme caché sous le nom de Léon Bertin a eu l'impu-
« dence d'avancer.

« La confiance que j'ai dans la bienveillance et dans l'estime de
« mes collègues ne saurait me dispenser de ce soin à prendre. Il im-
« porte que l'ombre de la plus légère incertitude ne puisse demeurer
« dans leur esprit, sur quelque point que ce soit.

« Agréez, je vous prie, etc. »

Le moment étant venu de fournir ces preuves irrécusables,
je résumerai d'abord rapidement les principales circonstances de l'action que j'ai dû poursuivre, j'en ferai connaître
je dénoûment, et enfin j'aborderai les questions relatives
aux études chinoises, qui m'obligent à rédiger cette note,
puisque leur examen ne pouvait être soumis à l'appréciation
des tribunaux.

I.

LA DÉCOUVERTE DE L'INCONNU. POURSUITES ET JUGEMENT.

Vers le milieu du mois de juillet dernier, je fus prévenu qu'une brochure intitulée *le Charlatanisme littéraire dévoilé* et signée Léon Bertin, brochure qui contenait contre moi des attaques grossières, avait été distribuée à diverses personnes, et notamment à plusieurs membres de l'Institut et du Collége de France. Cela me surprit beaucoup, je l'avoue ; n'ayant jamais fait la guerre à personne, je ne m'expliquais pas cette haine d'un inconnu qui suintait, pour ainsi dire, à chaque ligne de son opuscule. Cependant les termes employés dans le libelle étaient si violemment agressifs que je me crus, au premier moment, l'objet d'une provocation directe, et que je me mis en devoir d'envoyer deux amis à la recherche de M. Léon Bertin, tout en regrettant d'avoir affaire à quelque individualité évidemment peu recommandable.

Le libelle était sorti des presses de MM. Beaugrand et Dax, imprimeurs à Versailles. On alla donc aux informations près de ces Messieurs ; mais le récit suivant, fait avec quelque embarras, fut tout ce qu'on put obtenir d'eux :

« L'auteur, qu'ils n'avaient jamais vu auparavant, était
« arrivé un soir par la rive droite, porteur du manuscrit.
« C'était un jeune homme d'une figure assez commune, avec
« une grande barbe rougeâtre. Il s'était dit *employé des*
« *finances* et, pour la déclaration à la Préfecture, il avait

« donné les noms et adresse de Léon Bertin, demeurant à
« Paris, 5, place du Théâtre-Français. Il avait recommandé
« qu'on ne lui envoyât pas ses exemplaires en nombre, se
« réservant de venir les payer et les enlever lui-même, ce
« qu'il avait fait. »

M. Beaugrand ajoutait que deux fois il avait écrit à
M. Bertin, à l'adresse indiquée, et que deux fois la poste
lui avait retourné sa lettre avec la mention *inconnu.*

En effet, comme cela fut d'ailleurs constaté par procès-
verbaux d'huissier des 18, 25 et 29 juillet, il n'existait pas
le moindre Bertin, ni sur la place du Théâtre-Français, ni
dans les rues avoisinantes. Aucun employé de ce nom ne
figurait dans les services du ministère des Finances ni de
l'Hôtel de Ville. Le jeune homme à barbe rougeâtre n'était
vraisemblablement qu'un matassin, et le soin de rechercher
le diffamateur, dont M. Beaugrand paraissait favoriser l'*in-
cognito*, allait appartenir à M. le juge d'instruction du tribunal de Versailles, dans le ressort duquel les imprimeurs responsables étaient du moins domiciliés.

Ce fut alors que j'adressai la lettre rapportée ci-dessus à
M. l'Administrateur du Collége de France.

Ainsi que je l'ai dit dans le préambule de cet écrit, l'attention de l'un de mes conseils, fort expérimenté en matière
d'instruction judiciaire, s'était portée dès le principe sur la
déclaration spontanée faite par l'auteur du libelle « qu'il
« n'était candidat à aucune chaire d'enseignement public,
« qu'aucun mobile d'intérêt ni de rancune ne le guidait, etc. »
Il avait pensé qu'un indice précieux pouvait être fourni par
cette protestation intempestive, et le point sur lequel il s'a-
gissait de concentrer la lumière était déjà nettement indiqué.

Un libraire à qui l'on demanda plusieurs exemplaires du
Charlatanisme littéraire dévoilé, en l'assurant que le sieur
Perny pourrait les lui procurer, se rendit au domicile de
l'ex-missionnaire, afin de formuler sa requête, et eut avec lui
une entrevue qui ne laissa pas de confirmer singulièrement
les présomptions déjà formées. Flatté dans sa vanité d'au-

teur, le sieur Perny ne garde pas assez de sang-froid pour modérer les élans d'une joie bavarde. Il oublie la prudence du serpent ; il récite par cœur des fragments entiers du *Charlatanisme littéraire dévoilé*, entrecoupés de sourires triomphants. Il remet au libraire un exemplaire de la fameuse brochure, lui en promet plusieurs autres, lui avoue que Léon Bertin est fort de ses amis et lui fait savoir, enfin, quelques jours après, que le libelle est mis en vente à la librairie orientale d'Ernest Leroux.

La mise en vente, ostensible et définitive, était un fait important qui devait permettre de remonter rapidement aux sources, alors même qu'on eût été moins bien renseigné qu'on ne l'était déjà. M. Ernest Leroux voyageait en Angleterre, mais son commis se hâta de lui écrire, en le prévenant qu'un huissier venait de dresser chez lui procès-verbal. M. Leroux écrivit à son tour ; il témoigna ses regrets de ce que le dépôt d'une pareille publication eût été accepté par surprise dans sa librairie ; il prescrivit de renvoyer immédiatement tous les exemplaires déposés à la personne qui en avait fait la remise.

Cet intermédiaire complaisant était un familier du sieur Perny, nommé Paul Landry, employé au *Crédit viager* et domicilié rue de Babylone, dépositaire, commissionnaire, correspondant et distributeur tout à la fois. Évidemment il suffisait au parquet de faire comparaître, sans plus tarder, ledit Paul Landry, pour en tirer un aveu touchant la personne qu'il était chargé de représenter auprès du libraire. Le sieur Perny se trouvait mis en cause *ipso facto*. Mais une circonstance particulière et assez notable, qui se produisit à cette phase de l'information, modifia le cours naturel des choses et hâta sensiblement leur dénoûment. L'honorable magistrat chargé de l'instruction avait eu précédemment, paraît-il, l'occasion d'apprécier la personnalité du sieur Perny ; son opinion se forma d'instinct dès qu'il l'entrevit dans la perspective. Jugeant que le mieux était de marcher droit au but, il n'hésita pas à prendre des mesures décisives. Une commission rogatoire fut donc adressée par lui au commissaire de police de Saint-Cloud, et ce fonctionnaire eut l'ordre de se transporter immédiatement au domicile du sieur Perny, en compagnie de ses agents, afin d'y opérer une perquisition.

Le commissaire accomplit son mandat. Il se présenta au domicile indiqué vers six heures du soir, dans le moment où plusieurs convives allaient partager le dîner de l'amphytrion. L'un d'entre eux, assure-t-on, était un savant des plus honorables, qui ne peut manquer d'avoir été bien surpris en apprenant depuis, comme il a dû le faire, en quelle société il se trouvait ce jour-là. Le sieur Perny affirme tout d'abord qu'une grave erreur est commise et qu'on ne trouvera rien de compromettant chez lui ; mais les agents sont incrédules, cette assurance n'arrête point leurs recherches et, bien que soigneusement cachés, quatre-vingt-dix exemplaires du *Charlatanisme littéraire dévoilé* ne tardent pas à tomber entre leurs mains. Une telle découverte rend la perquisition plus rigoureuse. On saisit successivement une portion du manuscrit original, les bonnes feuilles fournies par l'imprimerie, un exemplaire très-soigné portant cette suscription : *Homage* (sic) *à M. le ministre de l'Instruction publique,* le projet d'une biographie de M. Stanislas Julien, préparée dans le style du *Charlatanisme littéraire dévoilé,* enfin toute une collection de lettres reçues et de copies de lettres envoyées, qui parurent trop significatives au commissaire pour n'être point transmises à M. le juge d'instruction.

Il y avait là de véritables bijoux épistolaires, dont la reproduction malheureusement n'est point permise, parce qu'ils appartiennent au procès ; mais le ministère de l'Instruction publique et le Collége de France possèdent des documents officiels offrant des caractères analogues, et prêtant à des rapprochements qui peignent au vif l'ingénieuse duplicité de la dualité Perny-Bertin.

Tandis que *Léon Bertin* adressait à M. le vicomte de Cumont, ministre de l'Instruction publique en 1874, la mémorable dédicace du *Charlatanisme littéraire dévoilé,*

déjà citée plus haut : « L'auteur de ce mémoire *n'est can-*
« *didat à aucune chaire d'enseignement public ;* il n'as-
« pire nullement aux faveurs de l'État, » *Paul Perny*
avait écrit, de son côté, le 12 mars 1873, à M. Jules Simon,
le ministre d'alors : « Excellence, l'année dernière, à la ren-
« trée des cours du Collége de France, *je sollicitai l'hon-*
« *neur d'être suppléant de la chaire de chinois.* Ma de-
« mande était un peu tardive ; un suppléant venait d'être
« nommé. Néanmoins, votre Excellence a daigné me faire
« une réponse favorable, pour le cas où la chaire devien-
« drait vacante. Le désir seul de rendre les études chinoises
« florissantes *(quelle modestie!)* est le mobile de ma requête…
« Je pourrais faire apostiller ma supplique à votre Excel-
« lence par bon nombre de personnages éminents de l'ordre
« civil et épiscopal *(consulter à cet égard monseigneur*
« *l'archevêque de Paris),* mais ce mode trop humain ré-
« pugne à mon caractère ecclésiastique (1). »
Tandis que *Léon Bertin* préparait la notice annoncée en
ces termes, dans le *Charlatanisme littéraire dévoilé* :
« M. Stanislas Julien est mort. Sa vie et ses actions appar-
« tiennent maintenant à l'histoire….. Une biographie de
« ce sinologue réduira à *sa* juste valeur (SIC) *les* éloges em-
« phatiques qu'il se donnait à lui-même et *ceux* que lui dé-
« cernaient quelques-uns de ses élèves ou de ses anciens élè-
« ves ; »*Paul Perny,* sollicitant les suffrages des professeurs
du Collége de France, en prévenait M. l'Administrateur du

(1) NOTA. En sollicitant le ministre de la sorte, le sieur Perny montre
une ignorance absolue de la manière dont se font les nominations des
professeurs titulaires du Collége de France, et dont les suppléants eux-
mêmes sont désignés. Les suppléants sont toujours proposés par les professeurs titulaires, et les nominations des professeurs titulaires sont faites
sur les présentations du Collége de France et de l'Institut. La réponse
favorable de M. Jules Simon a donc consisté très-probablement à conseiller
au sieur Perny de se faire présenter par ces corps savants, ce qui ne l'en-
gageait guère, puisqu'aux élections de 1873 le sieur Perny s'étant présenté et ayant fait toutes ses visites, ne parvint à obtenir qu'UNE VOIX
sur vingt-cinq votants.

Collége, par une lettre qui débutait ainsi : « Le Collége de « France vient de perdre M. Stanislas Julien. *L'opinion* « *publique est unanime à déplorer la perte de ce savant* « *professeur, dont la réputation était universelle.* Par « suite de cette perte si regrettable, la chaire de chinois se « trouve vacante. Mes amis me font des instances pour me « porter candidat à cette chaire de chinois. En cédant à leurs « désirs, etc., etc., etc. (1). »

On voit que Bertin-Perny aurait eu de bien belles dispositions pour jouer les pièces à tiroir.

En même temps que toute la correspondance saisie à Saint-Cloud tombait entre les mains du juge d'instruction, les personnes mandées devant lui apportaient des déclarations de plus en plus explicites, et mes amis, de leur côté, recueillaient des propos très-significatifs.

Les sieurs Landry, père et fils, avouaient qu'ils ne connaissaient aucun personnage du nom de Léon Bertin, qu'ils doutaient même de son existence et qu'ils pensaient que ce nom était tout simplement un pseudonyme du sieur Perny.

Le libraire Ernest Leroux racontait qu'un individu de figure peu intelligente, paraissant tout à fait illettré, s'était présenté chez lui sous le nom de Léon Bertin, en se donnant pour l'auteur de la brochure et lui avait proposé d'en prendre trente exemplaires en dépôt. « La preuve que ce n'était pas l'auteur, » disait M. Leroux, « c'est que lorsque j'ai prononcé devant lui le mot de *sinologue*, il ne l'a pas compris. Ce prétendu Léon Bertin, lorsque je lui ai demandé son adresse, me l'a donnée chez M. Landry. Pendant que j'étais en Angleterre, M. Perny m'a écrit pour me dire que la brochure avait été écrite sous son inspiration par un de ses amis et que je n'avais rien à craindre, etc. »

De l'aveu même de M. Beaugrand, l'imprimeur de Versailles, le *bon à tirer* que le prétendu Léon Bertin avait

______

(1) C'est à la suite de cette candidature posée par le sieur Perny, qu'il obtint *une voix* au scrutin, ainsi qu'il vient d'être dit.

apporté tout écrit était de l'écriture du sieur Perny, et les corrections des épreuves étaient également de sa main.

Malgré ces charges accumulées, le sieur Perny persista quelque temps encore dans ses dénégations systématiques ; mais enfin l'évidence devint telle qu'il dut confesser la vérité. Mes recherches particulières en vue de réunir les premiers éléments d'information suffisants pour obtenir des poursuites du parquet, non pas seulement contre les imprimeurs responsables, mais contre le véritable auteur du délit, avaient commencé vers le 16 juillet. Ma plainte, dûment motivée, avait été déposée le 22 août. Après information, le ministère public avait requis lui-même l'instruction de l'affaire, et le 30 septembre, le tribunal correctionnel de Versailles rendait le jugement dont la teneur suit :

TRIBUNAL CORRECTIONNEL DE VERSAILLES

JUGEMENT DU 30 SEPTEMBRE 1874.

Le Tribunal de première instance jugeant en matière de police correctionnelle, séant à Versailles, a rendu le jugement dont la teneur suit :

Entre

M. le procureur de la République, près le Tribunal, plaignant et poursuivant, d'une part.

Secundo : Le marquis d'Hervey de Saint-Denys, professeur au Collége de France, à Paris, y demeurant partie civile intervenante, aussi d'une part.

Et, *Primo :* Perny (Paul-Hubert), fils de Joseph et de Judith Ordinaire, âgé de cinquante-six ans, né le vingt et un avril mil huit cent dix-huit, à Pontarlier (Doubs), prêtre, demeurant à Saint-Cloud.

Secundo : Beaugrand (Antoine-Gustave), fils d'Antoine et d'Adèle-Philippine Philipon, âgé de trente-neuf ans, né à la Ferté-Gaucher, arrondissement de Coulommiers, imprimeur, demeurant à Versailles, rue du Potager, n° 5 ;

Tertio : et Dax (Victor-François), fils d'Eugène et d'Henriette Brot, âgé de trente ans, né à Paris le 29 janvier mil huit cent quarante-quatre, imprimeur, demeurant à Versailles, rue Saint-Simon, nᵒ 10,

Prévenus de diffamation envers un particulier et de complicité.

Défendeur ayant comparu en personne à l'audience du vingt-trois septembre courant, et Beaugrand et Dax comparant à celle d'aujourd'hui, jour auquel la cause a été remise contradictoirement ledit jour vingt-trois septembre.

D'autre part.

Ouï l'exposé de l'affaire, fait par M. Potier, substitut du procureur de la République, les prévenus en leur interrogatoire, Mᵉ de Barthélemy, avocat de la partie civile en ses conclusions tendant à ce qu'il plaise au Tribunal, déclarer Beaugrand, Dax et Perny coupables de diffamation et de complicité, leur faire application de la loi, ordonner la destruction des exemplaires saisis et l'insertion du jugement dans un journal de Seine-et-Oise et six journaux de Paris, au choix du plaignant ;

Les condamner à payer subsidiairement les frais de ces insertions, ainsi que tous les dépens, à titre de dommages-intérêts ;

Ouï le ministère public en ses conclusions tendant à l'application de la loi pénale,

Ouï les prévenus en leurs moyens de défense,

Le Tribunal, après en avoir délibéré conformément à la loi, jugeant en audience publique de police correctionnelle et en premier ressort ;

Attendu que de l'instruction, des pièces saisies au domicile de Perny, des débats et de l'aveu même de Perny à l'audience du 23, résulte la preuve que Perny est l'auteur du libelle intitulé : *Le Charlatanisme littéraire dévoilé*, etc., avec cette épigraphe : *audaces fortuna juvat*, traduction libre : C'est une honte pour le Collége de France ; imprimé à Versailles par Beaugrand et Dax, portant la fausse signature Léon Bertin et la fausse date de mai 1874, tandis que le bon à tirer est du 20 juin suivant ;

Attendu que Beaugrand et Dax n'ont pu méconnaître qu'ils avaient imprimé ce libelle et qu'ils en avaient tiré et livré 3oo exemplaires ;

Attendu que, dans ce libelle, Perny allègue et impute au marquis d'Hervey de Saint-Denys, professeur de langue et littérature chinoises au Collége de France, des faits susceptibles de porter l'atteinte la plus grave à son honneur et à sa considération, en le représentant comme un homme qui prend des titres qui ne lui appartiendraient pas, tandis que M. le marquis d'Hervey justifie surabondamment qu'il a les droits les plus authentiques et les plus incontestables aux titres qu'il porte; que Perny affirme en outre que le marquis d'Hervey ignore même la langue qu'il enseigne, qu'il est parvenu par l'intrigue à la position qu'il occupe, alors que le marquis d'Hervey, désigné par M. Stanislas Julien comme le plus digne de lui succéder, a été proposé régulièrement par les professeurs du Collége de France et par les membres de l'Institut compétents à la nomination du Ministre;

Attendu que les principales diffamations résultent des passages suivants :

1° Page 4, dans les alinéas commençant par : Se livrer au plagiat, etc., et n'est-ce pas rendre service, etc.

2° Page 5, dans les lignes 2, 3, etc.

3° Page 12, dans le paragraphe intitulé : Deuxième fait, jusqu'à l'alinéa page 13 : M. Stanislas Julien est mort, etc.

4° Page 16, depuis l'alinéa : On nous assure, etc., jusques et y compris l'avant-dernière ligne.

5° Page 17, dans les lignes 5, 6, 7 et 8.

6° Même page, dans l'alinéa commençant par ces mots : M. le marquis a publié... et finissant par ceux-ci : l'ombre d'un doute sur cette question.

7° Dans les pages tout entières 18, 19 et 20.

Attendu que Perny soutient à tort qu'il ne s'agit dans son libelle que d'une polémique purement littéraire; qu'accuser un homme honorable d'usurper des titres nobiliaires, d'être un plagiaire au premier chef et d'avoir fait une proposition de faux, dépasse tous les droits de la critique et de la controverse la plus excessive et la plus violente.

Attendu que Perny, pour donner créance à ces calomnies, a eu l'audace d'invoquer l'autorité du lettré Li-chao-pe, et le témoignage vénéré de M. l'abbé Pernot. directeur des missions étrangères.

Attendu que Li-chao-pe et M. l'abbé Pernot ont protesté par écrit, avec énergie et indignation, non pas seulement contre l'abus que Perny a fait de leur nom, mais pour affirmer que les allégations de Perny étaient mensongères et calomnieuses.

Attendu que Perny a donné à son libelle autant de publicité qu'il a pu, puisque sur les exemplaires il n'en restait plus que 83 à son domicile.

Que dans le courant de juin et juillet, postérieurement à la nomination du marquis d'Hervey comme professeur de langue et littérature chinoises au Collége de France, il a distribué ou fait distribuer ce libelle à des membres du Collége de France et de l'Académie, ainsi qu'à des personnes s'occupant de l'étude des langues orientales. Qu'en conséquence Perny ne peut valablement prétendre qu'il a écrit dans la pensée d'éclairer la religion de l'Institut et du Ministre sur les titres d'un candidat, puisque la nomination était faite, mais qu'il a agi avec l'intention de nuire en provoquant un scandale odieux et d'empêcher un professeur de remonter dans sa chaire.

Attendu que par ces faits Perny a commis en 1874 le délit de diffamation envers un particulier;

Attendu que Beaugrand et Dax se sont rendus complices du délit commis par Perny, en lui procurant les moyens qui ont servi à le commettre, sachant qu'ils devaient y servir;

Attendu que ces faits constituent les délits prévus par les art. 1, 13, 14 et 18 de la loi du 17 mai 1819 et les art. 59 et 60 du Code pénal, lesquels sont ainsi conçus, etc.

En ce qui touche les conclusions de la partie civile :

Attendu que Perny, Beaugrand et Dax ont occasionné à cette partie un préjudice dont ils lui doivent réparation;

Attendu que le Tribunal a les éléments nécessaires pour déterminer cette réparation;

Qu'il y a lieu d'adjuger à la partie civile les conclusions qu'elle a prises à titre de dommages-intérêts;

Statuant à l'égard de toutes les parties:

Condamne Perny à six mois d'emprisonnement et 500 francs d'amende;

Beaugrand et Dax, chacun en 200 fr. d'amende;

Ordonne la destruction des exemplaires saisis ;

Ordonne l'insertion du présent jugement dans un journal de Seine-et-Oise et dans six journaux de Paris, au choix de la partie civile et aux frais des condamnés;

Les condamne solidairement à payer les frais de ces insertions;

Les condamne aux dépens, sous la même solidarité, etc.

Le sieur Perny interjeta appel, et l'affaire vint devant la chambre correctionnelle de la Cour de Paris, le 16 décembre dernier. L'appelant ne s'étant pas présenté, la Cour jugeant par défaut, confirma purement et simplement le jugement du tribunal de Versailles.

Opposition fut formée. L'affaire revint devant la Cour le 29 janvier de cette année. Il n'était plus possible au sieur Perny de déserter le débat davantage. Il comparut donc enfin, portant le costume laïque, redingotte courte et chapeau gibus. Il s'était fait assister de M⁰ Lachaud, dont il avait estimé que le talent particulier serait des plus utiles à sa cause. Cette fois, la condamnation fut contradictoire et définitive. Tout en la réduisant à deux mois, la Cour maintint la peine de l'emprisonnement. Elle adopta d'ailleurs, pour le surplus, les motifs et les dispositions des premiers juges, énoncés dans le jugement ci-dessus, dont ressort effet.

Ainsi Léon Bertin pourra réfléchir quelque temps, dans la solitude, sur le danger de jeter l'insulte, même en prenant le soin de se déguiser; et le dénouement de cette aventure sera pareil à celui d'une comédie célèbre, dont le nom se présente d'ailleurs tout naturellement à l'esprit.

A l'occasion de ce procès, un journal qui se lit beaucoup a réveillé le souvenir d'un magnifique trait de courage accompli durant la Commune, en l'attribuant par erreur au sieur Perny, et le sieur Perny s'est laissé faire, sans réclamer pour la mémoire d'un illustre mort, le R. P. de Bengy, à qui l'honneur en appartenait. S'il est quelques lecteurs qui n'aient pas deviné tout d'abord ce qu'il y avait d'incompatible entre l'accomplissement d'un acte de vaillance chrétienne et la publication d'un libelle calomnieux sous un faux nom, que cette réclame ait émus, et qui m'aient su mauvais gré d'avoir osé poursuivre le héros d'un tel épisode, je les engage à consulter l'ouvrage intitulé : *Actes de la captivité et de la mort des R. P. P. Olivaint, L. Ducoudray, J. Caubert, A. Clerc, A. de Bengy, de la Compagnie de Jésus,* par le P. Armand de Pontlevoy (Paris, Téqui, 1873). Ils y trouveront, p. 200, de quoi s'édifier complétement sur la réalité des faits.

Le sieur Perny, du reste, a publié lui-même un récit de ses aventures aussitôt après la Commune, et le rôle qu'il s'attribuait était beaucoup plus modeste, ainsi qu'on en jugera par le fragment suivant :

« L'endroit le plus sûr pour vous cacher, reprennent les

« gardiens, c'est l'infirmerie. Les infirmiers nous reçoivent
« avec empressement. On nous place aussitôt dans les lits
« vacants; on nous donne de sales bonnets de malades. Cha-
« cun reçoit le nom du dernier malade qui a occupé ce lit et
« qui est inscrit sur le registre de la prison. Le mien était
« Micholain. Quelle situation, mon cher ami! L'épée de
« Damoclès sur nos têtes. Le moindre bruit dans la prison
« nous faisait retenir notre haleine (1). »

Le sieur Perny n'eut pas besoin de prendre, cette fois, le
nom de Micholain. Les fédérés ne pénétrèrent pas dans l'infirmerie, et l'entrée des troupes de Versailles le tira de son lit
sain et sauf. A Dieu ne plaise que je veuille lui reprocher
d'avoir abrité sa tête, même sous un sale bonnet, et d'avoir
su se conserver pour les belles-lettres, au lieu de se sacrifier
comme le P. de Bengy; mais s'il est permis à tout vivant de
sauver adroitement sa vie, il n'est pas moins juste de laisser
aux morts ce qui appartient aux morts.

(1) *Deux mois de prison sous la Commune.* Paris, 1871. Adolphe Lainé.
Le même petit livre renferme la curieuse lettre que voici, adressée par le
détenu Perny au délégué à la justice de la Commune, sans doute le citoyen
Raoul Rigault :

« Citoyen délégué à la Justice,

« Arrêté, au milieu de la rue, par des gardes nationaux ivres, sans
« mandat, et sans être connu d'eux, uniquement parce que je n'avais pas
« sur moi mon passe-port, voilà plus d'un mois que je suis écroué dans
« une prison, sans qu'aucun juge d'instruction soit encore venu examiner
« ma cause. Étranger à la ville, je n'y suis que de passage, me disposant à
« partir pour l'Orient. Je viens faire appel à votre justice pour que ma
« cause soit examinée et que l'on ne dise pas que, sous la Commune,
« *comme au temps des règnes déchus*, Mazas continue à être une boîte aux
« oubliettes. Aucun soupçon politique ne peut peser sur moi. *Je puis, au*
« *reste, parmi mes amis, donner la garantie d'hommes entièrement dévoués*
« *à la Commune de Paris.* Ce mois de prévention porte un grand préju-
« dice à mes affaires. En respectant la justice et l'égalité, *la Commune de*
« *Paris s'honorera aux yeux de tous, et gagnera des sympathies d'autant*
« *plus nombreuses.* » (Page 91.)

II.

CE QUE VALENT LES ALLÉGATIONS DU SIEUR PERNY DIT BERTIN.

Les faits qui viennent d'être rapportés auront suffi, je crois, pour édifier le public sur le caractère moral de celui qui signe Léon Bertin, sur les passions qui ont conduit sa plume et sur la loyauté de ses attaques. Il me reste à faire toucher du doigt la fausseté matérielle de tout ce qu'il avance, ainsi que je m'y suis engagé.

Question de nom.

Le premier soin du libelliste masqué est de chercher à me contester mon nom.

« Comment l'ancien M. le baron d'Hervey a-t-il le droit de signer aujourd'hui le marquis d'Hervey de Saint-Denys ? » demande l'honorable M. Bertin.

Comment se fait-il qu'on perde ses parents et qu'on se trouve, dans l'âge mûr, nanti d'un héritage qu'on ne possédait pas à vingt ans ?

Il est au moins surprenant de voir poser une question de cette nature en tête d'un écrit soi-disant inspiré par l'unique amour de la science.

J'ai pris soin cependant qu'elle ne demeurât point sans réponse, et l'arrêt de la Cour de Paris, confirmatif du jugement du tribunal de Versailles (1), ayant déclaré en propres termes que « le marquis d'Hervey de Saint-Denys a les « droits les plus authentiques et les plus incontestables aux « titres qu'il porte, » je crois pouvoir passer à un autre sujet, plus intéressant pour les études chinoises, sans insister davantage sur celui-ci.

Question de travaux et de titres scientifiques.

M. Léon Bertin suppose que mes travaux, relatifs aux études chinoises, se réduisent à deux publications des années 1869 et 1870, savoir :

1° Un recueil de textes faciles et gradués à l'usage des élêves de l'école spéciale des langues orientales.

2° Ma traduction du poëme chinois le *Li-sao*.

Du moment où l'on veut me représenter comme n'ayant rien appris, durant vingt-cinq ans, aux cours de MM. Bazin et Stanislas Julien, et comme incapable de comprendre deux lignes de la langue de Confucius sans le secours d'un indigène, il faut bien tenir dans l'ombre tout ce que j'avais déjà produit avant l'arrivée en France de ce fameux Chinois, à l'aide duquel je trompe si cruellement aujourd'hui *les académiciens qui n'y voient pas plus loin.*

Si l'on prend la peine de jeter un coup d'œil sur la liste de mes publications relatives aux études chinoises, placée à la suite de cette brochure, on verra cependant : que ma première traduction du chinois remonte à l'année 1850, que j'avais achevé, en 1851, le *Tcheou-li* d'Édouard Biot, à la demande de feu l'illustre savant son père, et qu'enfin j'avais donné en 1862, sous le titre de *Poésies de l'époque des Thang,* un recueil de poésies traduites du chinois et *complètement inédites,* recueil précédé d'une étude sur l'art poétique en Chine, écrite à l'aide de documents non moins inédits.

---

(1) Jugement et arrêt rapportés plus haut, pages 13 et suiv.

N'appuyons pas sur ces travaux, puisque M. Léon Bertin leur fait l'honneur de n'en rien dire. Voyons seulement ce qu'il écrit à propos des deux publications mentionnées par lui.

Recueil de textes faciles et gradués, à l'usage des élèves de l'École spéciale des langues orientales.

Comment s'y prend-on pour faire du chinois en amateur ? dit M. Bertin. On se procure un Chinois plus ou moins lettré, on le charge de certains travaux moyennant finance, et l'on publie le produit de son labeur, sans faire aucune mention de lui. Qu'on demande donc au chinois Li-chao-pe s'il n'est pas l'un des auteurs de ce *Recueil de textes gradués*, dont M. d'Hervey voudrait s'attribuer tout le mérite ?

Ce serait se donner une peine bien inutile que d'aller chercher la verité à ce sujet près du Chinois Li-chao-pe. Qu'on ouvre tout simplement le petit volume dont il s'agit ; on y lira (page v, ligne 6 de l'introduction) :

Chargé tout récemment par M. Stanislas Julien de faire, comme suppléant, le cours de chinois moderne, et occupé dans le même temps d'achever ma traduction du *Li-sao* qui s'imprime en ce moment, j'étais particulièrement frappé chaque jour de l'énorme différence qui existe entre les formes elliptiques du style ancien et les pléonasmes forcés de la langue pratique, ainsi que de la contradiction qui règne parfois entre la signification ancienne de certains caractères et l'acception vulgaire qu'ils ont aujourd'hui. *Cela m'a donné l'idée de mettre à profit l'assistance d'un jeune Chinois, employé par moi comme répétiteur indigène, pour lui faire écrire un assez grand nombre de phrases renfermant presque tous les éléments de la conversation usuelle ;* j'y ai ajouté plusieurs historiettes tirées d'un recueil de bons mots populaires, etc., etc.

Je ne relève cette marque de mauvaise foi que pour mémoire, car tout en jugeant que l'opuscule en question avait une utilité pratique, je ne l'ai jamais considéré comme pouvant constituer un titre quelconque, et je ne l'ai pas fait figurer dans la notice de mes travaux, imprimée à l'occasion de ma candidature à l'Académie.

Le Li-sao, *poëme du* iiie *siècle avant notre ère, traduit du chinois, accompagné d'un commentaire perpétuel et précédé d'une étude préliminaire.*

J'aborde la partie de ces explications à laquelle j'attache le plus d'importance, je l'avoue, et parce qu'il est plus facile à la calomnie de jeter des doutes perfides sur un travail de cette nature que sur tout autre, et parce que c'est précisément celui de mes travaux qui m'a valu les éloges les plus précieux de mon savant maître, après avoir éveillé chez lui les plus vives appréhensions.

Si je n'ai pas fait mention de la traduction du docteur Pfizmaier dans l'étude préliminaire placée en tête de ma propre traduction du *Li-sao*, c'est précisément parce que ma version différait beaucoup de celle du sinologue viennois, au lieu d'en être une reproduction presque *de verbo ad verbum,* suivant l'expression du sieur Perny ; c'est parce que j'ai toujours évité avec grand soin le genre de polémique qui consiste à signaler des erreurs, des obscurités ou des quiproquos dans l'œuvre laborieuse d'un confrère, et parce que j'éprouvais, en outre, un sentiment de juste déférence à l'égard d'un savant de l'âge du docteur Pfizmaier, dont il m'eût semblé malséant de citer le travail uniquement pour le critiquer. Il ne saurait entrer dans l'esprit d'aucun orientaliste que j'aie pu concevoir l'idée de faire passer ma traduction du *Li-sao* pour la première qui eût été donnée, alors que celle du docteur Pfizmaier avait été envoyée par lui à l'Académie et figurait dans les catalogues de toutes les librairies d'ouvrages orientaux. Il suffit d'ailleurs de consulter (1) la notice sur mes travaux, *distribuée à l'Aca-*

(1) Page 44, ci-après.

démie des inscriptions en 1873 et reproduite à la suite de cette brochure, pour s'assurer que je ne craignais pas de mentionner la version allemande lorsqu'il s'agissait de peser mes titres.

Le procédé de translation du docteur Pfizmaier, dont on m'oblige à parler, procédé très-ingénieux d'ailleurs et auquel la langue allemande se prête admirablement, consiste, toutes les fois que le sens d'une phrase l'embarrasse, à se contenter d'aligner le sens isolé de chacun des caractères chinois qui la composent, en laissant le lecteur chercher lui-même ce que l'ensemble du contexte pourrait bien signifier. A plus forte raison, la liaison d'une strophe à l'autre demeure-t-elle le plus souvent indécise, et devient-il à peu près impossible de suivre un enchaînement d'idées et de récits.

Pour essayer de faire entendre le poème du *Li-sao*, dans ses détails comme dans son ensemble, il fallait se livrer à un examen de toutes les allusions qu'il renferme, et cela au moyen des gloses chinoises les plus variées, travail que ne s'est pas imposé le docteur Pfizmaier, et dont la correspondance de M. Stanislas Julien, insérée plus loin, fera sentir les difficultés.

Je n'imagine pas que le nom de plagiaire soit applicable systématiquement à toute personne qui croit pouvoir refaire la traduction d'un monument de l'antiquité déjà traduit avant elle, et dans les circonstances particulières que je viens d'indiquer, ce nom me paraîtrait surtout mal justifié.

Ceux qui possèdent l'allemand sauront vérifier l'exactitude de mes assertions, en confrontant *in extenso* la version du docteur Pfizmaier avec ma version française, et pour ceux qui ne pourraient ou ne voudraient point prendre cette peine, voici quelques rapprochements qui paraîtront, je l'espère, assez concluants. Encore faudra-t-il tenir compte de ce fait que la langue française ne permet pas toujours de conserver *le vague*, qui règne continuellement et avec intention dans le texte allemand.

TRADUCTION LITTÉRALE LE LA VER- |SION DU DOCTEUR PFIZMAIER.	VERSION PUBLIÉE PAR MOI.
I.	**I.**
La queue traînante de Ti-kao-yang et son casque dans le champ. Mon père, l'accompli, s'appelait Pe-yong.	Ti-kao-yang est mon ancêtre. Mon noble père s'appelait Pe-yong.
IV.	**IV.**
Loin de là *il* (?) il me tirait dans le torrent comme si je ne devais pas atteindre. Je craignais que les années n'attendissent pas après moi.	Actif comme le torrent qui semble courir incessamment vers un but sans jamais l'atteindre. J'ai toujours craint que les années ne me fissent défaut.
XVI.	**XVI.**
Rapidement j'accourus pour suivre, pour prendre. Mais·rien n'était dans le cœur qui m'opprimât.	Ils se sont réunis tout à coup pour me chasser et me poursuivre comme une bête sauvage; . Ce n'est point là ce dont mon cœur est attristé.
XXII.	**XXII.**
Les femmes nous envient nos sourcils de vers à soie; Leur chant léger dit que la volupté est leur bien.	Des hommes sans valeur se sont montrés envieux de mon mérite; De vulgaires chansons et de méchants propos m'ont représenté comme un débauché.

Texte Allemand. — I. — Die schleppe Ti - kao yang's und seine Halm'im Feld. — Mein vater, der vollendete , hiess Pe-yung.

IV. — Fort zog es mich im Strom, als sollt'ich nicht erreichen, — Ich fürchtete, die Jahre warten nicht auf mich.

XVI. — Da schnell hineilt'ich um zu folgen, zu erjagen, — Doch nichts im Herzen war, das mich bedrængt;

XXII. — Die Weiber neiden uns're Seidenraupenbrau'n; — Ihr leichter Sang uns sagt, dass Ueppigkeit ihr Gut.

XXIII.

Qu'est-ce que de l'usage du temps la faculté et l'art ?

En opposition avec le compas et l'équerre, *il* (?) dévie.

Du fil l'encre on ne suit pas et l'on cherche les courbes.

La contradiction de l'unité devient loi.

XLII.

Au ciel des rois, l'inclination secrète n'est pas.

Je regardai dans le passé et je me tournai vers le futur.

Je vis que le jugement du peuple n'est que faible.

Qu'est-ce qui est bien injuste et se laisse faire ?

Qu'est-ce qui n'est pas la vertu et se puisse préserver ?

XXIII.

Quel est le comble de l'art et du talent dans le siècle où nous sommes ?

Tourner le dos au compas et à l'équerre et ne rien faire de régulier.

Ne pas regarder le tracé en ligne droite pour suivre librement la ligne courbe.

S'entendre pour employer des moyens ineptes et pour les faire accepter comme une loi.

XLII.

Le Ciel-Empereur n'a ni partialité ni préférence.

XLIII.

Qu'on jette ses regards en avant ou qu'on les reporte en arrière,

On voit et l'on verra toujours les peuples prendre de la nécessité les même conseils.

Que faut-il donc rechercher si ce n'est la justice ?

Que faut-il pratiquer si ce n'est l'humanité ?

XXIII. — Was ist des Zeitbrauchs Fæhigkeit und Kunst ? — Zuwider Winkelmass und Zirkel weicht er ab ; — Des Fadens Tinte folgt man nicht, und Krümmen sucht man, — Das Widerstreitende der Ein'gung ist Gesetz.

XLII. — Im kœnigshimmel ist geheime Neigung nicht.

XLIII. — Ich blickt'auf's Frühe hin, ich wandte mich zum spæten. — Ich sah, des Volkes Rathschluss ist nur schwach : — Was ist wohl ungerecht, und læsst sich üben ? — Was hat die Tugend nicht, und læsst sich wahren ? .

XLIV.

La chute je me prépare, dans des angoisses je flotte.

Je vis que mon début était comme si je ne connaissais pas le remord.

A former je ne pensais pas, j'arrondissais le bâton de bois.

Les ordonnateurs d'autrefois trouvaient la saumure dans l'œil.

XLVIII.

J'ordonnai à Hi-ho de modérer la vitesse.

Il(?) vit le Yen-tse : cependant il(?) ne l'approcha pas.

La distance du chemin était longue et étendue.

Je voulais aller et chercher les liens.

XLIV.

Plusieurs fois, j'ai bravé la mort en côtoyant des précipices,

Et jamais il ne m'est arrivé d'en avoir du regret.

Je me suis montré, à contre temps, un sujet loyal et sincère.

Le même zèle valut jadis un supplice cruel a des sages qui nous ont précédés (1).

XLVIII.

Je demandai à Hi et à Ho d'arrêter la marche du temps.

Les yeux fixés sur le (mont) *Yent-se*, je souhaitai que le soleil ne se pressât pas de l'atteindre.

Que d'énormes distances à franchir, que de longues routes à parcourir.

XLIV. Den Fall bereit'ich mir, in Todesnœthen Schweb'ich, — — Ich sah, mein Anfand war, als kennt'ich nicht die Reue ; — Ans formen dacht'ich nicht, ich ründete den Holzstab : — Die frühen Ordner traf das Pœckeln in dem Lauch.

XLVIII. — Ich hiess den Hi-ho mæssigen die Eile, — Den Yen-tse sah er, doch er naht'ihm nicht ; — Die Wegesstrecke war gedehnt und weit : — Ich wollte zieh'n und suchen nach den Banden.

(1) Ma traduction du *Li-sao* renferme ici la note suivante : « J'ai cru devoir traduire librement ces deux derniers vers, en suivant l'interprétation de la glose chinoise, au lieu de donner un mot à mot à peu près inintelligible. Voici, du reste, le sens littéral :

Non metiendo foramen, intromisi fibulam ;
Equidem antiqui cultores (sapientiæ) propterea conditi sunt in muriá et
*   salsugine.*

La métaphore contenue dans le premier vers est assez fréquemment employée en chinois. Le second vers rappelle un trait du féroce empereur Cheou-Sin. Non content de faire mettre à mort plusieurs grands de l'Empire, il ordonna que leur chair, salée et conservée dans la saumure, fût servie comme un mets salutaire à ceux qui seraient tentés de les imiter. »

Combien de fois je devais monter et descendre à la recherche d'un prince vertueux!

L.

Devant *elle* (?) Ouang-chou ordonna de partir de bonne heure.

Derrière *elle* (?) *Feï-lien* ordonna de s'enfuir vite.

Le *Louan* et le *Hoang*, eux, parlaient hâtivement pour moi

Le Dieu du tonnerre s'écria qu'il n'était pas prêt.

LII.

En masse, la foule avec la foule s'unit et se sépare.

La dispersion du changement varié s'élève et s'abaisse.

LIII.

Le temps si crépusculaire tirait à sa fin.

Je nouai le *lan* de la vallée et j'attendis longtemps.

Le monde est plein d'ordure et ne range pas.

L.

Au loin, comme un précurseur courait devant moi le conducteur de la lune.

Le génie des vents me suivait en précipitant son vol.

Pour moniteurs de mon passage, j'avais la compagne de l'oiseau *Fong* et l'escorte des oiseaux célestes :

Le maître du tonnerre me recommandait d'être circonspect.

LII.

Instabilité, confusion, inconstance! tantôt ils s'éloignent et tantôt ils se rapprochent.

Bientôt ils se séparent et disparaissent, les uns dans les régions supérieures, les autres dans les régions inférieures.

LIII.

Le temps favorable s'épuisait; il tirait à sa fin.

Je renfermai mes parfums méconnus, et je restai debout, immobile.

Le monde est à la fois turbu-

L. — Vor ihr des Wang-schu hiess so früh'entjagen. — Im Rücken Fei-lien hiess enteilen schnell; — Der Luan, der Hoang, sie sprachen früh'für mich : — Der Donnerfürst er rief, dass er nicht fertig.

LII. — In Fülle Meng'an Menge trennt und eint sich, — Zerstreuung bunten Wechsels steigt und sinkt;

LIII. — Die Zeit so dæmm'rig nahte sich dem Ende, — Ich flocht

La belle il cache volontiers et envie.	lent et troublé, il ne discerne pas le juste de l'injuste. Il se plaît à laisser le mérite dans l'ombre, et fait triompher les envieux.

des Thalgrunds Lan und harrte lang'; — Die Welt ist voll von Schmutz und ordnet nicht, Die Schœne birgt sie gern und neidet.

La crainte d'abuser de la patience du lecteur m'oblige seule à ne pas étendre davantage ce parallèle.

Mes notes diffèrent essentiellement de celles du docteur Pfizmaier, et il ne saurait en être autrement quand les deux versions sont si différentes. La prétendue collaboration que j'aurais trouvée dans mon intérieur n'est qu'un prétexte dont se sert le sieur Perny pour mentionner que Mme d'Hervey serait d'*origine allemande*, c'est-à-dire prussienne, dans le sens le plus général du mot. Il a dû penser, à bon droit, que cette allégation me serait désagréable; mais il n'aura même pas la satisfaction d'avoir porté juste une fois, car Mme d'Hervey est autrichienne et personne aujourd'hui ne confondra ces deux nationalités.

Quant aux motifs qui me déterminèrent à traduire le *Li-sao*, poëme du IIIe siècle avant notre ère, aux difficultés que présentait ce travail pour donner une interprétation moins obscure que celle qui avait précédé la mienne, aux variantes admises par les Chinois eux-mêmes et entre lesquelles il fallait choisir, enfin et surtout aux indications historiques qu'il convenait de demander à ce vieux monument par une investigation patiente des allusions qu'il renferme, labeur dont la priorité ne saurait m'être contestée, je prie les juges impartiaux de former leur opinion sur ces divers points en prenant la peine de lire mon *Étude préliminaire*, placée en tête de ma traduction du *Li-sao*, comme aussi les fragments (insérés ci-après) des lettres que M. Stanislas Julien voulut bien m'écrire à l'occasion de cette publication (1).

(1) Les originaux de toutes ces lettres sont déposés au secrétariat du Collége de France, entre les mains de M. Sédillot.

Paris, 19 septembre 1868.

« Mon cher Monsieur,

« Hier, comme vous le pensez bien, j'ai emprunté pour vous le
« poëme élégiaque *Li-sao* et je le tiens à votre disposition ; mais je
« crois qu'il vous donnera bien du fil à retordre. Le texte est fin et
« peu lisible. Il offre beaucoup de mots abrégés, et qui pis est le
« célèbre commentateur des livres classiques Tchu-y, qui a réuni
« dans ce volume les gloses de *soixante-douze* interprètes, dit sou-
« vent *tse tse ouëï siang*, ce caractère n'a pu encore être expliqué,
« personne ne le comprend aujourd'hui. Quelquefois ce sont trois
« ou quatre caractères dont le commentateur dit la même chose.

« *Your's truly*

« Stanislas Julien. »

Paris, 23 septembre 1868.

« Je reporterai aujourd'hui le texte médiocrement imprimé dont
« je vous avais parlé, et j'en rapporterai un autre qui est plus cor-
« rect et plus lisible. Vous rencontrerez, comme dans l'autre, les
« mots *ouëï siang (pas encore expliqué ou compris)*, mais vous en
« prendrez votre parti comme les Chinois, et vous serez libre d'en-
« tendre les mots *non expliqués* comme vous le voudrez, sans que
« personne ait le droit de vous contredire.

« Tout à vous

« Stanislas Julien. »

Paris, le 8 octobre 1868.

« Je vais tâcher de répondre à vos différentes questions. 1º Vous
« avez parfaitement compris le premier passage. Je crois me rappe-
« ler que quand j'ai essayé de lire devant vous la première page,
« j'avais précisément entendu le second passage comme vous le tra-
« duisez.

« Je traduirais *timidement* les mots *seng keou tche* etc. par... »
(Suit une explication qui nécessiterait l'emploi de caractères chinois
pour être transcrite ici).

« Tout à vous,

« Stanislas Julien. »

Paris, 10 octobre 1868.

« Mon cher Monsieur,

« Il m'est impossible de répondre à plusieurs de vos questions...
« Pour la troisième, il s'agit de combiner ensemble les sens com-
« muns à ces deux mots *ching* et *mao* et de tâcher d'en tirer une
« signification applicable au sens de la phrase.

« Le mot suivant est fort difficile et devrait être expliqué dans le
« commentaire par un synonyme parfaitement clair, ce qui n'a pas
« lieu. Le sens est peut-être : « Quand il (?) a attelé à son char les
« chevaux célestes, qui est-ce qui pourrait l'atteindre ? » — Si ce
« sens ne va pas, *je donne ma langue aux chiens.*

« Tout à vous.

« STANISLAS JULIEN. »

Paris, 19 octobre 1868.

« Je m'empresse de vous dire que je vous ai trouvé un joli petit
« commentaire du *Li-sao*, in-12. Si vous voulez vous en servir, je
« vous engage à venir mercredi vers 2 heures et demie à la Biblio-
« thèque, et à le faire inscrire pour votre compte.

« Tout à vous,

« STANISLAS JULIEN. »

Ces lettres (de beaucoup antérieures à l'époque où je vis
pour la première fois le Chinois Li-chao-pe, qui n'arriva à
Paris qu'en 1869) montrent clairement que M. Stanislas
Julien me regardait comme capable d'accomplir par moi-
même un travail très-difficile à ses propres yeux. Il connaissait la version allemande, puisqu'il me l'avait procurée
lui-même, ainsi qu'une des lettres suivantes en fait mention,
et l'on voit qu'il la comptait pour rien dans les secours dont
je pouvais user. Ajoutons que si quelques personnes peu
bienveillantes ont essayé d'atténuer la valeur des témoi-
gnages publics que M. Julien me donna de son estime, en
leur supposant pour mobile une arrière-pensée regrettable
dont je n'aurais fait que profiter, ces mêmes personnes ne
sauraient marquer une méfiance analogue à l'égard d'une
correspondance privée entre le maître et l'élève.

Ma traduction du *Li-sao* s'était imprimée dans le courant de l'année 1869 et avait paru dans le millésime 1870, suivant un usage de librairie assez fréquent. La collaboration du chinois Li-chao-pe, qui fit son apparition vers cette époque, consista dans la transcription du texte chinois placé à la suite de la version française, et en tête duquel il a autographié lui-même : *Te-lo-ouen* (d'Hervey) *tsi tchu, Li-chao-pe tchao chou,* c'est-à-dire : *d'Hervey a éclairci le sens* (a fait la traduction), *Li-chao-pe a transcrit* (le texte original).

Les nombreuses consultations que j'avais adressées à M. Stanislas Julien, et dont les lettres citées plus haut portent la trace, avaient fini par l'intéresser sérieusement au *Li-sao.* Je n'avais pas toujours adopté les explications qu'il m'avait données, ce qui sans le blesser n'avait pas laissé de l'émouvoir un peu. Durant l'hiver qui précéda la guerre, il eut l'idée de lire ce poëme tout d'une haleine et d'en faire à son tour une traduction souvent en désaccord avec la mienne, traduction dont il m'envoya le manuscrit vers le mois de juillet 1870. J'avoue que cette communication me causa plus d'effroi que de plaisir. Il était évident que si M. Julien s'avisait de publier un *Li-sao* avec des variantes qui seraient la condamnation de la manière dont j'avais entendu les passages correspondants, l'opinion du public savant ne manquerait pas de se former à mon désavantage. J'entrepris donc aussitôt, avec une certaine chaleur, la révision phrase par phrase de toutes les strophes du poëme, et lorsqu'on put rentrer à Paris, l'un de mes premiers soins fut d'aller trouver mon illustre maître, afin de lui démontrer que j'avais approfondi chaque allusion, au moyen de recherches minutieuses, et qu'il eût traduit lui-même comme je l'avais fait, si sa grande habitude de la langue chinoise ne l'eût conduit à marcher trop rapidement, sans élucider certains détails auxquels je m'étais arrêté.

Je n'étais pas sans une certaine crainte, au moment d'aborder une question si délicate, mais j'eus la vive satisfaction

de voir notre maître à tous se rendre peu à peu aux justifi-
cations que je mettais sous ses yeux et me complimenter enfin
sur ma persistance, dans des termes dont je fus profondé-
ment touché. Il avait gardé les trois éditions chinoises du
Li-sao, afin de les examiner à tête reposée. Bientôt je reçus
la lettre que voici :

    « Mon cher Monsieur,

« J'ai entrepris la lecture du *Li-sao* sous votre direction et je
« commence à le comprendre; mais je persiste à dire que c'est un
« texte d'une affreuse difficulté, et je regrette sincèrement de ne pas
« avoir eu communication de vos épreuves, au moment de l'im-
« pression. J'ai fait jusqu'à la strophe XXVIII quelques petites re-
« marques que je prends la liberté de vous soumettre. Je les conti-
« nuerai si vous le désirez.

        « Tout à vous,

           « STANISLAS JULIEN. »

« *P. S.* Je me suis mis à lire le commentaire de Tchou-hi, mais
« je le trouve trop peu développé, et il m'est difficile de tout en-
« tendre. »

Deux années s'écoulèrent sans qu'il fut parlé davantage
du *Li-sao*. J'avais entrepris ma traduction de Ma-touan-lin.
M. Stanislas Julien m'y avait beaucoup encouragé. A la date
du 18 juillet 1872, il m'avait écrit :

    « Mon cher ami,

« Je crois vous intéresser en vous disant que M. Charles Rudy,
« l'un de mes auditeurs, est en relations avec un *Han-lin*, membre
« du gouvernement chinois, qui lui a envoyé une caisse de livres et
« lui a offert de lui faire acheter à Pé-king tous les ouvrages dont
« il pourrait avoir besoin. Vous auriez par M. Rudy une occasion
« favorable pour obtenir l'édition de *Ma-touan-lin* que vous désirez.
« Je suis toujours impatient de connaître les progrès de vos tra-
» ductions, dont la publication ne peut manquer de contribuer à vos
« succès académiques.
« Vous apprendrez avec plaisir que le Dr James Legge vous offre,
« avec ses compliments, son magnifique *Chi-king*. Je suis heureux
« que les éloges que je lui ai faits de vos talents et de votre zèle

« pour le chinois l'aient décidé à vous offrir ce cadeau, qui ne pou-
« vait tomber dans de meilleures mains.

« Je suis en vacances au Collége jusqu'au premier lundi de décem-
« bre. J'aurais le désir de vous faire une visite à la campagne, mais
« je crains qu'il n'y ait une distance à pied à parcourir. Depuis deux
« mois je marche si difficilement qu'il me faut une voiture pour aller
« au Collége de France.

« Tout à vous,

« STANISLAS JULIEN. »

Cette visite projetée ne se réalisa que le 10 août, mais comme je m'étais empressé de répondre à M. Julien qu'il trouverait une voiture à la gare, quand il lui plairait de venir me voir, je reçus, deux jours après, la lettre suivante. Je dois la citer encore. Son *post-scriptum* est une éloquente conclusion.

Paris, le 20 juillet 1872.

« Je vous remercie de votre lettre affectueuse et pleine d'intérêt.
« Je suis charmé d'apprendre que vos feuilles 4 et 5 ont déjà reçu le
« bon à tirer et que M. Turrettini vous a envoyé des épreuves jus-
« ques en Autriche. J'achèverai patiemment l'achèvement du *Si-*
« *siang-ki*, dont la traduction et le commentaire m'ont occupé pen-
« dant plus d'un an. . . . .
« Hier, je vous ai envoyé deux notes qui vous permettront d'em-
« prunter deux Ma-touan-lin en Russie, l'un à l'Académie impériale
« des sciences de Saint-Pétersbourg, l'autre au Département asia-
« tique.

« STANISLAS JULIEN. »

« *P. S.* Comme mon mauvais mot à mot du *Li-sao* ne vous sert
« de rien, je vous prierai de me le rendre, *avec la traduction alle-*
« *mande qui ne vaut guère mieux* (1).

(1) Ce *post-scriptum,* dont je ne pouvais saisir originairement toute la portée, devint plus tard la révélation d'un trait qui caractérise trop bien les procédés de la maison Bertin-Perny et Cie, pour que je néglige de le rapporter ici.

L'un des sociétaires de cette honorable maison, qui devra m'avoir quelque obligation de ne pas le nommer, avait su se faire bien venir de M. Stanislas Julien et connaissait parfaitement toute l'histoire du *Li-sao*. En prévision de la fin prochaine du savant sinologue, dont les forces allaient diminuant chaque jour, il fut chargé par ses co-associés de tâcher de mettre la main

J'ai fait voir par cette correspondance de **M.** Julien que l'époque où j'abordai l'étude du *Li-sao* était de beaucoup antérieure à celle où le Chinois Li-chao-pe vint m'offrir ses services, mais en constatant ce fait matériel je n'entends laisser supposer, en aucune sorte, que j'aie le moindre besoin de

sur le manuscrit de sa version du *Li-sao,* dans la pensée de s'en faire une arme contre moi, après la mort du maître. Il avait donc prié M. Julien de lui prêter ce manuscrit et c'est pourquoi M. Julien, qui n'y pensait plus depuis deux ans, me l'avait tout à coup redemandé. Pour moi, après l'avoir inutilement cherché pendant une heure au milieu des papiers fouillés et bouleversés par l'occupation prussienne, dans mon habitation de Seine-et-Oise, j'avais fait part à M. Julien de ces premières recherches infructueuses et M. Julien avait, à son tour, répondu au mandataire de la société Bertin-Perny et Cie par un billet ainsi conçu : « Je regrette de ne pouvoir « vous envoyer ma traduction du *Li-sao*. M. d'Hervey m'écrit que les « Prussiens la lui ont prise. » Quel fut mon étonnement, quelques mois après la mort de M. Julien et dans une visite que je faisais à M. Mohl, de voir M. Mohl sortir cette lettre d'un tiroir et me la montrer comme une pièce accusatrice, paraissant démontrer que ma traduction du *Li-sao* n'était autre que la propre traduction de M. Julien !

A défaut du manuscrit, qu'on n'avait pas pu obtenir et qui eût servi sans doute à critiquer mon œuvre personnelle, on avait imaginé de produire le billet de M. Julien, avec accompagnement de commentaires, pour faire croire que M. Julien avait eu la complaisance de me laisser signer et publier un travail accompli par lui.

Fort heureusement j'avais retrouvé le fameux manuscrit, fort heureusement aussi M. Julien, ayant modifié ses intentions d'en disposer, avait refusé de le reprendre quand je lui avais annoncé qu'il était retrouvé. Je le présentai donc à M. Mohl, en même temps que la correspondance de M. Julien établissant l'antériorité de ma propre traduction, qui offrait d'ailleurs de nombreuses variantes. M. Mohl voulut bien examiner tout ce dossier avec une attention dont je lui sus un gré infini et, se déclarant complètement édifié, qualifia du mot de TURPITUDE la manœuvre par laquelle on avait essayé de surprendre sa bonne foi. Les mêmes pièces passèrent également sous les yeux de M. Pavet de Courteille, qui n'en aura pas perdu le souvenir.

Quant à l'auteur de cette perfidie, ayant eu l'occasion de le rencontrer peu de temps après et de lui reprocher un acte d'autant plus étrange de sa part qu'il savait parfaitement à quoi s'en tenir sur le sens de la lettre de M. Julien, à lui adressée, il me répondit très... naïvement qu'il avait avant tout besoin de vivre, et que des personnes qui avaient intérêt à me nuire lui avaient promis de lui faire avoir *une place,* pourvu qu'il réussît à me jouer un mauvais tour ; que, du reste, il me servirait de même si je voulais m'occuper de lui.

On voit que la réalité surpasse quelquefois l'idéal.

m'en prévaloir. Le sieur Perny sait mieux que personne ce qu'on peut tirer des jeunes Chinois élevés par les missionnaires, et tels que tous ceux qui sont venus en France dans ces dernières années. Excellents à utiliser pour la confection d'un dictionnaire de la langue vulgaire, pour dresser des index et rechercher des matériaux, ils sont absolument insuffisants pour attaquer, et à plus forte raison pour élucider par eux-mêmes, une seule page de chinois ancien, (ce que du reste le sieur Perny ne saurait pas faire davantage).

L'ex-missionnaire ne donne-t-il pas lui-même la preuve évidente de cette vérité? Il avait le plus grand désir de se poser en sinologue, il parlait d'encyclopédies à traduire, il a eu constamment près de lui, et cela depuis de longues années, un ou deux de ces jeunes Chinois (1), y compris Li-chao-pe dont il me reproche d'avoir utilisé les services. Eh! bien, qu'a-t-il su produire avec leur assistance, en dehors de son dictionnaire de la langue vulgaire, sur l'origine duquel il y aurait de si curieuses choses à raconter? un almanach, un petit recueil de proverbes auquel j'emprunte l'épigraphe de cette brochure, une petite compilation grammaticale, des dialogues en langage populaire, et enfin *le Charlatanisme littéraire dévoilé.*

Qu'il ne cherche donc pas à équivoquer, en venant raconter qu'il n'existe pas de langue savante à la Chine, mais seulement une langue orale et une langue écrite. Il sait bien qu'il y a la langue écrite vulgaire, à la portée de ceux qui ont acquis, comme lui, l'usage courant de la langue orale, et ensuite la langue écrite des anciens livres, dont il n'a pas su traduire une page, même avec le secours des auxiliaires chinois employés par lui.

En résumé, et disons-le en thèse générale, celui qui n'a pas acquis par de longues études spéciales une connaissance approfondie de l'instrument écrit qu'on appelle la langue savante, ou la langue classique de la Chine (absolument dis-

(1) Entre autres Joseph Siu, en 1868 et 1869; Thomas Ko-hoaï-jin, en 1869; puis Li-chao-pe, en 1870, 1871 et 1872.

tincte de la langue parlée) ne saurait tirer aucun parti d'un jeune Chinois élevé au séminaire, pour l'intelligence des ouvrages composés dans la langue idéographique qui ne se parle pas ; et quant aux orientalistes qui ont passé vingt ans de leur vie à se familiariser avec les monuments écrits de la Chine, il serait aussi déraisonnable de leur interdire l'emploi d'un secrétaire chinois qu'il le serait de reprocher à un chimiste en cheveux gris d'avoir des préparateurs. Autant vaudrait refuser le titre de sinologue aux Morrison, aux Medhurst, aux Wylie et enfin à l'illustre James Legge, qui n'ont jamais craint de se faire aider ostensiblement par des Chinois dans la préparation et dans le classement des matériaux de leurs si remarquables travaux.

Ne terminons pas cette digression à propos du *Li-sao* sans relever deux bonnes plaisanteries très-réjouissantes, dans le libelle diffamatoire dont nous passons en revue les allégations. Il faut savoir se montrer équitable, même vis-à-vis de ses ennemis.

Pour expliquer que je sois demeuré deux ans sans employer aucunement le Chinois Li-chao-pe, qui s'était créé des ressources, à l'Imprimerie nationale d'abord et ensuite dans le laboratoire même du sieur Perny, Léon Bertin dit : « qu'*un dissident s'était élevé* (sic) au sujet du partage des bénéfices produits par la vente du poëme chinois. » — La publication du *Li-sao* produisant, en librairie, des bénéfices à partager ! Voilà certainement ce qui ne serait pas venu à l'esprit d'un orientaliste ordinaire.

Inspiré par la fable du renard et des raisins, la seconde plaisanterie n'est pas moins heureuse : « Quand le rouge ne « monte plus au front, il redescend à la boutonnière », dit le sieur Perny. Léon Bertin veut apparemment nous persuader qu'il n'a pas encore cessé de rougir.

Les pages 20 et 21 du libelle de M. Léon Bertin.

Ici nous arrivons à des allégations si surprenantes que le

mensonge poussé jusqu'à ce degré d'impudence devient presque un objet d'admiration. Il s'agit des pages 20 et 21 de son recueil d'impostures, où le sieur Perny raconte comme quoi le public ayant fini par soupçonner que je faisais confectionner tous mes travaux (y compris les mémoires dont l'académie des inscriptions voulut bien écouter la lecture) par un jeune Chinois gagé, nommé Li-chao-pe, cette découverte *me jeta dans la consternation* et m'inspira, *pour sauver mon honneur littéraire à jamais perdu,* l'idée de faire signer par le Chinois en question un écrit dans lequel il déclarerait que j'étais réellement l'auteur des ouvrages que je m'attribuais, et cela, bien entendu, contrairement à toute vérité.

« Est-il vrai » continue Bertin-Perny « que cet acte de
« fourberie a révolté au suprême degré la conscience hon-
« nête du jeune Chinois, qu'il s'y est énergiquement refusé ;
« que *l'affaire a été portée devant M. l'abbé Pernot, qui*
« *a soutenu la cause de l'honneur, approuvé le refus du*
« *Chinois et blâmé la tentative de corruption littéraire*
« *du marquis gentilhomme?* M. PERNOT EST UN TÉMOIN DONT
« L'HONORABILITÉ EST A L'ABRI DE TOUT SOUPÇON ET QUE CHA-
« CUN PEUT CONSULTER. »

Voici la réponse de M. l'abbé Pernot :

A M. LE MARQUIS D'HERVEY DE SAINT-DENYS.

Paris, 15 juillet 1874.

« Monsieur,

« J'ai reçu votre lettre en date d'hier et la brochure dont vous
« l'avez fait accompagner, et j'ai pris connaissance des passages que
« vous me signalez, page 20 et 21.
« Je suis aussi surpris qu'indigné qu'on ait osé invoquer mon té-
« moignage pour appuyer des allégations aussi calomnieuses. Je dois
« hommage à la vérité en y opposant le démenti le plus formel. »

« Veuillez agréer, etc.

« PERNOT,
« Directeur des missions étrangères. »

Voici maintenant une lettre du jeune Chinois, dont le sieur Perny se plaît à reconnaître *la conscience honnête ;* elle est adressée à M. l'Administrateur du Collége de France.

Paris, le 17 juillet 1874.

« Monsieur l'administrateur Président,

« Je viens d'avoir connaissance à l'instant d'une brochure dédiée
« à MM. les professeurs du Collége de France, qui est remplie de
« mensonges et d'infâmes calomnies contre M. le marquis d'Hervey
« et contre moi-même, puisqu'on me fait dire des mensonges de pure
« invention que je n'ai jamais dits.

« Je proteste contre ces mensonges ignobles. Déjà, il y a deux ans,
« on avait dit à M. de Longpérier des mensonges de ce genre, et je
« lui ai écrit une lettre pour démentir. Je suis étonné qu'on recom-
« mence. M. le marquis d'Hervey m'a donné l'hospitalité quand je
« suis venu en France. Je lui ai demandé de m'employer, et je n'ai
« rien fait pour lui autre chose que des recherches ou index, comme
« tous les sinologues font faire à tous les secrétaires chinois. Je ne suis
« pour rien dans ses travaux et ses mémoires. Il est complétement
« faux que j'aie dit autrement. Je crois que je dois vous écrire mon
« indignation, et j'espère que M. le marquis d'Hervey fera condam-
« ner le calomniateur, comme dans mon pays.

« J'ai l'honneur d'être, etc.

« Li-chao-pe. »

On se demande comment un homme, jadis revêtu d'un caractère respectable, peut avoir l'audace d'articuler des inventions d'une pareille fausseté, quand il sait bien que le démenti ne saurait manquer d'éclater, ainsi qu'un soufflet en plein visage. Il espérait que le masque de Léon Bertin en porterait seul la flétrissure ; il se persuadait qu'une première impression fâcheuse serait toujours difficile à neutraliser ; et il faisait tout cela sans autre intérêt que celui d'assouvir une rage envieuse, exaspérée jusqu'à la folie par la mortification de cette voix unique, qui avait appuyé sa candidature contre la mienne, aux élections du Collége de France.

Optimi corruptio pessima, a dit un docteur de l'Eglise qui connaissait les tristes défaillances du cœur humain.

Une dernière rectification.

Toute rectification demeure pâle après ce qu'on vient de lire. Il faut cependant conduire jusqu'au bout la revue que nous avons entreprise, et montrer qu'il n'est pas une assertion véridique dans ce tissu d'insignes faussetés.

« Est-il vrai » continue l'ancien candidat à la chaire du Collége de France, « est-il vrai qu'étant aujourd'hui chargé « du cours de chinois, le marquis d'Hervey explique le « *Livre des mille mots,* traduit en toutes les langues et « comme l'abécédaire chinois? Est-il vrai que M. d'Hervey « explique actuellement de petits contes traduits les uns en « anglais, les autres en français? »

Mensonge et toujours mensonge. L'affiche du Collége de France de l'année scolaire 1873-1874 porte un témoignage qui dispense de toute discussion; voici le paragraphe qui concerne mon cours; il n'a point subi de modification d'un semestre à l'autre :

LANGUE ET LITTÉRATURE CHINOISE, TARTARE ET MANTCHOU.

M. D'HERVEY DE SAINT-DENYS, chargé du cours, étudiera les *livres sacrés de la Chine et les classiques de la littérature chinoise*, les Jeudis, à trois heures; il expliquera les livres inédits du *Kin-kou-ki-kouan*, (choix de nouvelles anciennes et modernes), les Samedis, à deux heures.

Le *Kin-kou-ki-kouan* (ouvrage dont le titre offre une consonnance bizarre cherchée à dessein), est un recueil de nouvelles écrites dans un style très-élégant, et choisies par des lettrés chinois entre les meilleures productions de leurs meilleurs auteurs. Rémusat, Stanislas Julien, Pavie, Robert Thom, S. Birch ont montré l'estime qu'ils faisaient de cette intéressante collection en traduisant successivement les nouvelles 3, 5, 6, 8, 12, 14, 19, 20, 26, 29, 31, 35; soit douze nouvelles traduites et vingt-huit nouvelles inédites jusqu'à ce jour. Or, c'est parmi ces dernières que j'ai puisé la matière de mon cours du samedi, ainsi que l'indiquait expressément l'affiche du Collége de France, en expliquant la nouvelle 39 (Les alchimistes), et la nouvelle 34 (La bachelière du pays de Chu).

Si j'ai pris la peine de réfuter une à une tant d'allégations mensongères, ce n'est pas sans résister en cela aux conseils de plusieurs amis. On m'a représenté que l'homme à qui je répondais n'était pas de ceux à qui l'on doit faire l'honneur de répondre, et que j'aurais l'air d'accorder trop d'importance à ses injures en ne les laissant point tomber. L'avis était très-bon par lui-même, et je l'eusse certainement suivi, si j'avais pu envisager isolément le libelle de mon concurrent désappointé ; mais il m'était impossible de ne pas reconnaître, dans les inventions de cette œuvre haineuse, la source de tous les contes calomnieux qui furent répandus sous le manteau lors de ma double candidature à l'Académie des Inscriptions et au Collége de France. Je n'avais, à cette époque, aucun moyen pour combattre des rumeurs d'autant plus dangereuses qu'elles demeuraient comme enveloppées dans un nuage épais de réticences. Aujourd'hui qu'il m'est donné de leur trouver un corps et de les saisir dans leur origine, j'ai cru que je ne devais pas laisser échapper cette occasion de démontrer non pas seulement leur exagération calculée, mais leur manque absolu de tout fondement.

Élève de M. Stanislas Julien pendant plus de vingt ans, soumis aux appréciations progressives de ce juge si compétent et si difficile, qui m'a fait l'héritier de sa bibliothèque et de ses papiers, j'ai reçu de lui, à son lit de mort, un dernier et bien précieux témoignage d'estime que le lecteur me permettra de placer encore sous ses yeux. Je dois savoir gré à M. Léon Bertin d'en motiver la publication, car elle me dispensera désormais de répondre à toute provocation du genre de la sienne.

Ma candidature était posée à l'Académie des Inscriptions, où j'avais obtenu treize voix dans une élection précédente.

Malgré la gravité de son état, mon maître regretté se préoc-
cupait vivement de la discussion des titres, qui devait avoir
lieu le lendemain. Il adressa la lettre suivante à M. de Longpérier, l'un des membres de l'Académie qui voulaient bien
me patronner.

6 février 1873.

« Mon cher confrère,

« Vous savez tout ce que j'ai dit à l'Académie de mon élève M. d'Her-
« vey, de sa connaissance parfaite du chinois et de ses importants
« travaux.

« Si l'état de ma santé, qui m'empêche en ce moment d'écrire moi-
« même, ne me permet pas d'assister à la discussion des titres, je
« vous serai reconnaissant de vouloir bien prendre la parole, en
« mon nom, pour confirmer tout ce que j'ai déjà dit à cet égard.

« Votre tout dévoué confrère,

« STANISLAS JULIEN.

« *Votre très-reconnaissant serviteur,*
« *et très-dévoué confrère*

« *Stanislas Julien.* »

Les mots en italiques sont de la main de M. Julien. L'en-
veloppe porte aussi sa signature. Le corps de la lettre fut
écrit par Mlle Esbérard, sous la dictée de M. Julien, qu'elle
veilla jusqu'à sa dernière heure.

Cette lettre porte son éloquence en elle-même. Ma réponse
au libelle du sieur Perny sera donc en même temps une réponse à tous ceux qui crurent prendre des informations en
se laissant prendre à des fourberies, et qui devinrent ainsi,
à leur insu, les échos complaisants d'un imposteur.

Marquis D'HERVEY DE SAINT-DENYS.

10 février 1875.

NOTICE

SUR

LES TRAVAUX DE M. D'HERVEY DE SAINT-DENYS

RELATIFS AUX ÉTUDES CHINOISES

RECHERCHES SUR L'AGRICULTURE ET L'HORTI-CULTURE DES CHINOIS, sur les végétaux, les animaux et les procédés agricoles que l'on pourrait introduire avec avantage dans l'Europe occidentale et le nord de l'Afrique, suivies d'une analyse de la grande encyclopédie Cheou-chi-tong-kao. Paris, 1850. In-8°, 262 pages.

Cet ouvrage fut apprécié par M. Biot, le père, dans les termes suivants :

« M. d'Hervey s'est déjà fait connaître au monde littéraire par
« une traduction très-facilement écrite de l'ouvrage du duc de
« Rivas sur la révolte de Naples, qui porta si soudainement des
« derniers rangs au premier de l'échelle sociale ce singulier person-
« nage appelé Masaniello, que ses folies et son orgueil en précipi-
« tèrent aussi vite qu'il y était monté. Aujourd'hui M. d'Hervey se
« propose un but, je ne dirai pas plus sérieux, mais plus immédiate-
« ment utile, que des études de plusieurs années lui ont rendu
« accessible. Pourvu d'une forte éducation classique et de connais-
« sances générales peu communes, il s'est donné la tâche ardue de
« pénétrer dans les mystères de la langue chinoise, non par une fan-
« taisie sans motif ni par une curiosité irréfléchie, mais d'après un
« sentiment très-judicieux du vaste champ d'exploration qu'elle offre
« à un esprit investigateur.

« Après avoir suivi assidûment pendant plusieurs années le cours
« de M. Bazin d'abord, puis celui de M. Stanislas Julien, M. d'Her-
« vey a reconnu dans cette mine de résultats pratiques l'un des
« filons les plus riches et les moins explorés.

. . . .

« M. d'Hervey traite les questions qu'il aborde aussi bien qu'on
« peut faire avec l'ensemble des documents recueillis jusqu'à ce
« jour.

(Suit une analyse détaillée du livre.)

« Toute cette discussion est conduite avec une variété de connais-
« sances et une rectitude de jugement qui est tout à fait scientifique,
« la vraie science n'étant autre chose que le bon sens appliqué aux
« faits. M. d'Hervey a donné l'analyse détaillée de chacun des
« soixante-dix-huit livres qui composent l'ouvrage chinois. Il a fait
« une œuvre laborieuse, qui sera très-utile. Ce que j'ai dit du livre
« qu'il vient de publier suffira pour en montrer le plan, le but et le
« mérite. »

(Journal des Savants, cahier de novembre 1850.)

---

*ACHEVÉ LA TRADUCTION DES DERNIÈRES SEC-
TIONS DU TCHEOU-LI, ouvrage posthume d'Edouard Biot,
et travaillé à la rédaction des notes,* ainsi que l'atteste cette mention, de la main de M. Biot, le père, sur l'exemplaire du *Tcheou-li*
qu'il remit à M. d'Hervey.

« Offert à M. d'Hervey de Saint-Denys, en reconnaissance de l'in-
« térêt qu'il a témoigné pour la mémoire de mon fils, et comme
« remerciement de l'assistance qu'il m'a donnée pour terminer cette
« publication. »

LA CHINE DEVANT L'EUROPE, Paris, 1859. Grand in-8°,
172 p., avec carte.

Cet ouvrage renferme une étude comparative du génie, des forces
et de l'organisation particulière de la société chinoise, en parallèle
avec les éléments constitutifs des États européens. Il a été traduit en
anglais.

POÉSIES DE L'ÉPOQUE DES THANG (VIIe, VIIIe *et* IXe *siècles
de notre ère), traduites du chinois pour la première fois, avec une
étude sur l'art poétique en Chine et des notes explicatives.* Paris,
1862, in-8°, 406 pages.

A l'exception du *Chi-king* ou livre des chants de la haute antiquité, conservés par Confucius et traduits en latin par le père
Lacharme à l'aide des gloses et des paraphrases qui les accom-
pagnent, aucun recueil de poésies chinoises n'avait encore été publié
dans aucune langue européenne.

Les poëtes de l'époque des Thang, la grande époque littéraire de la Chine, demeuraient notamment inconnus et comme enveloppés d'une impénétrable obscurité. Dans la préface de sa charmante traduction du *Yu-kiao-li*, l'illustre sinologue Abel Rémusat avait écrit : « Le langage poétique des Chinois est véritablement intraduisible. « On pourrait ajouter qu'il est le plus souvent inintelligible. Comme « nous sommes privés en Europe des secours qui seraient indispen-« sables pour déchiffrer ces compositions énigmatiques, nous nous « trouvons réduits à une sorte d'opération conjecturale dont le « succès n'est jamais parfaitement démontré. »

M. d'Hervey eut la pensée que cette apparente obscurité pouvait trouver son explication dans les lois de la prosodie. Il reconnut en effet que les règles de position (qui déterminent, en chinois, la valeur des mots) n'étaient pas les mêmes pour la poésie que pour la prose. Ces nouvelles règles de position une fois déterminées, tout ce qui semblait incohérent devient parfaitement clair.

M. Laboulaye a bien voulu consacrer deux articles dans le *Journal des Débats* à l'examen de cet ouvrage. Les sinologues anglais Wylie et James Legge l'ont cité en plusieurs endroits, et, parlant du progrès des études chinoises, M. Stanislas Julien a écrit : « M. d'Hervey de « Saint-Denys continue avec autant de zèle que de succès les études « chinoises dans lesquelles il a débuté sous ma direction, il y a plus « de vingt ans. Il nous a donné des compositions fort remarquables « des poëtes les plus célèbres de la dynastie des Thang, qu'il a tra-« duites avec autant d'élégance que de fidélité. »

LE LI-SAO, POÈME DU IIIe SIÈCLE AVANT NOTRE ÈRE, traduit du chinois, précédé d'une étude préliminaire et accompagné d'un commentaire perpétuel. Paris, 1870, 1 vol. in-8°.

Il avait été fait déjà une traduction allemande de ce poëme, mais faute de connaître les règles de position particulières à la poésie, dont il a été parlé plus haut, l'auteur de cette traduction n'avait presque rien compris et était tombé dans une obscurité poussée jusqu'à la plus incroyable incohérence. La version de M. d'Hervey est donc une restitution.

L'impression de cet ouvrage, commencée en 1868, fut suspendue pendant deux ans par suite de la faillite de la librairie Amyot, ainsi que la publication d'une *Histoire politique, scientifique et littéraire du peuple chinois,* en 4 volumes, complétement achevée, et dont il a paru quelques fragments dans la *Revue orientale.*

M. Stanislas Julien accepta la dédicace du *Li-sao* de M. d'Hervey,
et fit connaître son opinion sur ce travail, en s'exprimant ainsi dans
une de ses dernières publications : « M. d'Hervey de Saint-Denys,
« que je regarde comme infiniment supérieur aux autres sinologues
« de Paris, a entrepris avec un courage remarquable la traduction
« du *Li-sao*, poëme élégiaque fort célèbre, qui présentait aux an-
« ciens de si grandes difficultés que les derniers éditeurs ont cru
« devoir y ajouter les notes *variorum* de quatre-vingt-quatre com-
« mentateurs. M. d'Hervey s'est servi habilement de ces notes et les
« a lues presque aussi aisément que si elles avaient été écrites en
« latin. »

Voici maintenant le jugement porté par M. Renan, sur ce même
travail :

« M. d'Hervey de Saint-Denys nous a donné une traduction du
« poëme chinois intitulé *Li-sao*, composé l'an 299 avant Jésus-Christ
« par Kiu-youen. C'est le monument poétique le plus célèbre de la
« moyenne antiquité chinoise, et l'ouvrage le plus caractérisé de cette
« époque de transition qui s'étend de Confucius au règne du destruc-
« teur Tsin-chi-hoang-ti. Kiu-youen joua un rôle politique comme
« ministre de l'un de ces petits rois qui représentent à cette époque,
« en Chine, une sorte de féodalité batailleuse. Son poëme est l'écho
« de ses douleurs personnelles et de ses disgrâces. Il paraît qu'après
« l'avoir écrit il alla se précipiter dans un fleuve, en serrant une
« grosse pierre entre ses bras. Le souvenir de ces tragiques événe-
« ments reste vivant en Chine, et le *Li-sao* n'a cessé d'être réédité,
« annoté et vanté comme une œuvre magistrale par toutes les géné-
« rations de lettrés ; on a osé le déclarer digne de figurer parmi les
« livres canoniques. M. d'Hervey explique cette opinion sans la par-
« tager. Toute son étude préliminaire est pleine du sentiment litté-
« raire le plus juste et le plus fin. Les conséquences qu'il tire du
« poëme publié par lui pour fixer la date des odes de *Chi-king*, ses
« remarques sur ce fait remarquable que Kiu-youen ne cite pas
« Confucius ; ses observations sur le caractère et les variations du
« sentiment religieux chez les Chinois, et surtout l'ingénieux com-
« mentaire dont il accompagne le voyage de Kiu-youen à la
« recherche d'un roi vertueux sont d'une excellente critique. »

(Rapport annuel sur les travaux de la Société asiatique, *Journal asiatique* juillet 1871.)

MÉMOIRE SUR L'HISTOIRE ANCIENNE DU JAPON,
d'après le Ouen-hien-tong-kao, *de Ma-touan-lin, journal asiatique, 1871.*

« Les résultats de ce mémoire, s'ils doivent être confirmés par des
« discussions ultérieures, sont fort importants. Ils reculent jusqu'au
« xie siècle avant Jésus-Christ l'origine de l'histoire de la civilisation
« japonaise. »

(RENAN, Rapport annuel sur les travaux de la Société asiatique, 1872.)

LE ROYAUME DE PIAO, *notice traduite pour la première fois du chinois, in-4°, 1871 (Mémoires de l'Athénée oriental).*

« La chronique royale du Cambodge ne remonte pas au delà de
« l'an 1346 de notre ère. Ce que nous y trouvons, par conséquent,
« c'est l'histoire du déclin de la puissance dont les ruines d'Angcor
« sont le vestige grandiose.
« M. d'Hervey de Saint-Denys s'est efforcé d'attaquer le problème
« d'Angcor par un autre côté. Abel Rémusat, avec cette pénétration
« à laquelle rien n'échappait, vit les renseignements que l'on pou-
« vait tirer des sources chinoises pour l'histoire de ces contrées civi-
« lisées par l'Inde et auxquelles l'Inde semble avoir inoculé son in-
« souciance pour l'histoire. M. d'Hervey de Saint-Denys a publié la
« traduction d'un fragment relatif au royaume de *Piao*, qui paraît
« répondre à celui dont Angcor fut la capitale. »

(RENAN, Rapport annuel sur les travaux de la Société asiatique, 1872.)

MÉMOIRE SUR L'ILE FORMOSE ET SUR LES ILES LIEOU-KIEOU, *d'après un document chinois du* viie *siècle de notre ère ; lu à l'Académie des inscriptions, en avril 1872.*

En suivant l'itinéraire d'une expédition maritime des Chinois, de
l'année 603, ce mémoire établit qu'elle se rendit à Formose et non
pas aux îles *Lieou-kieou,* ainsi qu'on l'avait pensé jusqu'ici et que
Klaproth lui-même l'avait cru, trompé par une confusion de noms.
Il résulte des faits recueillis par M. d'Hervey que les anciens Chinois
donnaient le nom de *Lieou-kieou* à tout l'archipel qui s'étend des
côtes du Japon à celles du Fo-kien, que l'île de Formose n'était autre
que la grande *Lieou-kieou,* et qu'il faut appliquer à cette île impor-

tante tous les documents ethnographique antérieurs au xvᵉ siècle, précédemment attribués par erreur aux îles *Lieou-kieou* proprement dites.

------

*MÉMOIRE SUR L'ETHNOGRAPHIE DE LA CHINE CEN-
TRALE ET MÉRIDIONALE, d'après un ensemble de documents inédits tirés des anciens écrivains chinois.*

Ce mémoire, lu à l'Académie des inscriptions dans les séances du 27 décembre 1872 et du 10 janvier 1873, a obtenu le prix Jomard, à la Société d'Ethnographie.

On ne savait rien de l'ethnographie des populations autochthones de la Chine centrale et méridionale, ainsi que l'atteste Klaproth dans ses *Tableaux de l'Asie*. M. d'Hervey a pu retrouver à cet égard des documents authentiques, qui remontent jusqu'à la plus haute antiquité. Il en expose les traits les plus saillants, résumant par avance la relation détaillée des faits qui seront rapportés dans sa traduction *in extenso* de Ma-touan-lin.

------

*ETHNOGRAPHIE DES PEUPLES ÉTRANGERS A LA
CHINE, par Ma-touan-lin. Ouvrage traduit pour la première
fois du chinois. 4 volumes in-4⁰ avec cartes géographiques en
cours de publication. Genève, édité par M. François Turrettini·*
« Ma-touan-lin, a dit Rémusat, fut un des lettrés les plus célèbres
« de la Chine. La préface qu'il a placée au commencement de son
« grand travail est un chef-d'œuvre de raison et de critique. On ne
« peut se lasser d'admirer l'immensité des recherches qu'il a dû faire
« pour amasser tant de matériaux, la sagacité qu'il a mise à les clas-
« ser, la clarté et la précision avec lesquelles il les présente. On
« peut dire que cet excellent ouvrage vaut à lui seul une biblio-
« thèque, et quand la littérature chinoise n'en offrirait pas d'autre,
« il vaudrait la peine qu'on apprît le chinois pour le lire.

. . . .

« On ne saurait trop regretter qu'on ne se soit pas encore occupé
« d'exploiter cette mine précieuse, où toutes les questions qui
« peuvent concerner l'Asie orientale trouveraient les réponses les
« plus satisfaisantes. La traduction de cette géographie historique,
« avec les notes et les suppléments nécessaires, ne formerait pas, il
« est vrai, moins de quatre volumes in-4⁰. »

(RÉMUSAT, *Nouveaux mélanges asiatiques*, t. II, p. 166, 167, 169.)

Telle fut l'appréciation de Rémusat, qui s'était proposé lui-même d'exécuter ce long travail, mais que d'autres occupations en détournèrent. Le vœu qu'il avait formé, M. d'Hervey s'est efforcé de l'accomplir. Commencée depuis longues années sous les auspices de M. Stanislas Julien, interrompue depuis quelque temps par la difficulté de se procurer des textes corrects ainsi que divers éclaircissements indispensables pour la rédaction des notes, la traduction de *Ma-touan-lin* qui se publie aujourd'hui paraît avec un luxe typographique très-précieux, grâce au zèle désintéressé du savant génevois qui s'en est fait l'éditeur. La transcription phonétique de tous les noms de peuples et de pays est accompagnée des caractères chinois qui les représentent, ce qui permet aux sinologues de vérifier ou d'éclaircir les identifications à établir.

PUBLIÉ DEPUIS LA PREMIÈRE IMPRESSION DE CETTE NOTICE.

DEUX TRADUCTIONS DU SAN-TSEU-KING ET DE SON COMMENTAIRE. — Réponse à un art. de la Revue Critique du 8 nov. 1873. — Genève, 1873, in-8°.

Imprimerie Eugène Heutte et Cᵉ, à Saint-Germain

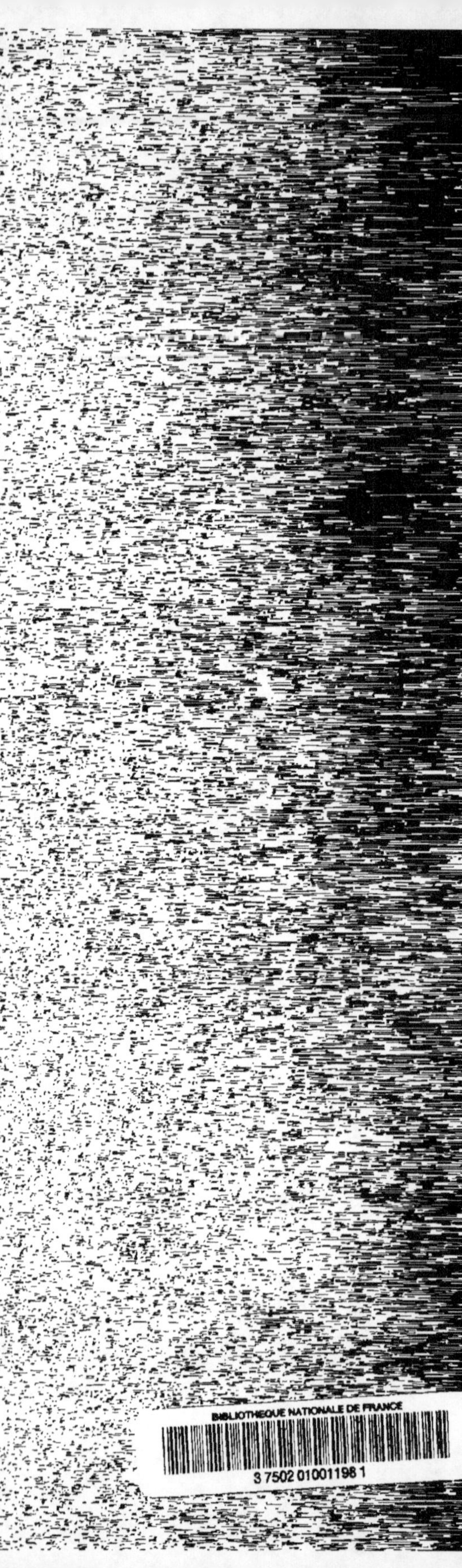

www.ingramcontent.com/pod-product-compliance
Lightning Source LLC
Chambersburg PA
CBHW061229030726
47595CB00004B/1441